Florence Cestac

J'AIME PAS
les gens qui se prennent pour...

hoëbeke

Déjà parus dans la même collection :
Charb, *J'aime pas les fumeurs*
Luz, *J'aime pas la chanson française*
Trez, *J'aime pas les people*
Riss, *J'aime pas l'école*
Patrick Pelloux et Charb, *J'aime pas la retraite*

Dépôt légal : septembre 2009
ISBN : 9782-84230-357-0
ISSN : 1956-533-x

Photogravure : Color'Way

Imprimé en France par Jean-Lamour - Groupe Qualibris

Un soir de cocktail, coupe de champ aux lèvres, je parle à un gars :

– Alors tu comprends, Florence Cestac est bien gentille, mais là, elle me demande de lui écrire une préface comme si je n'avais que ça à foutre ! C'est que je suis très pris, moi, avec mes succès qui s'enchaînent. Quand je ne suis pas en interview à la télé, à la radio, je sillonne la France en séances de dédicaces où le public m'espère, agglutiné derrière des barrières. Que dis-je la France, l'Europe, oui, et même le monde entier où mes livres sont traduits – t'ai-je dit en combien de langues ? Je fais un triomphe en Italie. Quand j'y suis allé, ce fut un tremblement de terre. En Espagne, je figure dans le top ten depuis deux ans. Je reviens d'une tournée harassante en Allemagne. En Chine, au Brésil et au Japon, je suis idolâtré et elle, la Florence, qui voudrait que j'écrive une préface pour son petit livre publié par un éditeur dont je ne sais même pas comment on prononce le nom : « Heubeukeu ? » Ça aurait été Gallimard, je l'aurais fait au moins pour Antoine mais là… Il y a un truc qui lui a échappé à la Cestac. Elle n'a pas compris que, maintenant, il lui fallait faire la queue comme tout le monde, qu'elle prenne son ticket. C'est vrai, quoi, est-ce qu'elle demanderait ça à Victor Hugo ? Je dis Hugo parce que nous sommes tous les deux nés un 26 février. Tu ne savais pas ? C'est comme mon bureau, il est situé à l'emplacement où Balzac a appris à lire – l'Institution Lepître qui appartenait au baron de Joyeuse –, je te jure ! C'est un signe, non ?

Quelqu'un me tapote l'épaule. Je me retourne :

– Ah, Florence, justement je parlais de toi. T'en fais une tête. Que se passe-t-il ?

– J'AIME PAS non plus les écrivains qui se la pètent !

– Mais pourquoi tu dis ça ?

JEAN TEULÉ

J'AIME PAS LE MEC QUI SE PREND POUR LE MARI PARFAIT

... ET SAIT ÊTRE À L'ÉCOUTE DE SON AÎNÉ.
ALLONS PARLER ENTRE HOMMES, MON FILS !
IL N'EST JAMAIS MACHO,
POUR ÇA, C'EST MONIQUE QUI DÉCIDE !
ET SAIT ÊTRE UN CONVIVE TRÈS APPRÉCIÉ.
CE QU'IL EST DRÔLE, TON MARI !
AU BUREAU, IL BUTINE L'ASSISTANTE, LA SECRÉTAIRE OU LA STAGIAIRE...
VOUS MANIEZ TRÈS BIEN LA PHOTOCOPIEUSE !
... OU ALORS, IL SE FAIT DES PLANS CUL SUR INTERNET.
¡¡¡H ! LA SALOPE !
BREF, MONIQUE NE PASSE PLUS LES PORTES, MAIS LUI RESTE TOUT À FAIT CHARMANT.
TRÈS EN BEAUTÉ, MA CHÉRIE !

J'AIME PAS LE MEC QUI SE PREND POUR LE PÈRE IDÉAL

LE MIEN N'A PAS EU LE DROIT DE SORTIR LE SOIR AVANT 16 ANS !
LE MIEN A DROIT A UNE HEURE DE TÉLÉVISION LE SOIR, ET APRÈS, AU LIT !
AH, NON, LE MIEN NE MANGE JAMAIS DE PIZZAS, CHIPS OU COCA. C'EST UN GOURMET, COMME MOI !
LE MIEN APPREND LA GUITARE ET N'ÉCOUTE QUE MOZART !
JE PEUX TE DIRE UN TRUC, 'PA ?
OUI, MON CHÉRI !
TU ME CASSES LES COUILLES GRAVE VEUU !!!

J'AIME PAS L'ADO QUI SE PREND POUR UNE BOULE DE SOUFFRANCE

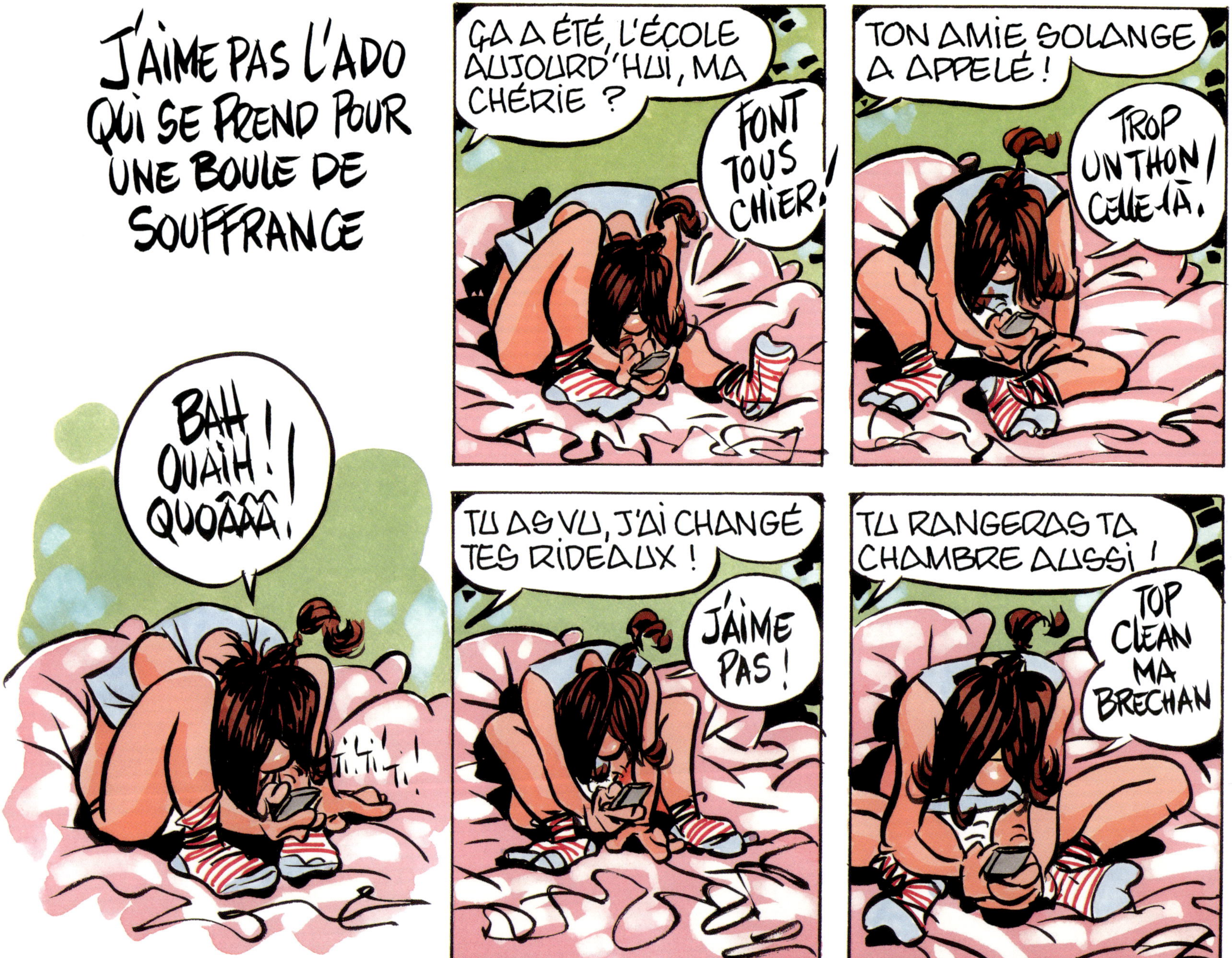

TU ENTENDS... TON FRÈRE T'APPELLE !
RELOU GRAVE LUI !
C'EST TOI QUI M'AS ENCORE PIQUÉ MON PULL VERT ?
T'ES OUF !
TROP MOCHEDINGUE !
TU VIENDRAS DÎNER, MA CHÉRIE ?
PAS FAIM !
TU ÉTEINS LE PORTABLE, TU ME FAIS UNE PHRASE COMPLÈTE ET TU PASSES À TABLE ¡¡¡IMMMÉDIATEMENT !
MAIS COMMENT TU M'AIMES PAS TROP POUR ME PARLER COMME ÇA !
COMMENT JE VAIS PAS TROP M'ÉPANOUIR DANS CETTE AMBIANCE DE MERDE ! ¡¡BOUH !!

J'AIME PAS LA FILLE QUI SE PREND POUR TA MEILLEURE AMIE
COMMENT VAS-TU, MA CHÉRIE ?
BONJOUR, CAROLINE !!!
TU AS L'AIR TRÈS EN FORME, ET CETTE COIFFURE TE VA À RAVIR
MERCI, TU ES TROP GENTILLE !
ET CETTE MAISON TOUJOURS JOLIE ! TU AS VRAIMENT BEAUCOUP DE GOÛT !
OH, ARRÊTE !!!
AH, HUBERT, VOUS ÊTES ICI ! QUELLE JOIE DE VOUS VOIR !
BONJOUR, CAROLINE !!!
MA CHÉRIE, TON MARI EST FORMIDABLE !
CAROLINE, VOUS EXAGÉREZ
SI ! SI ! VRAIMENT !

TOUJOURS JOLI GARÇON, ÉLÉGANT ET RAFFINÉ...
MERCI, CAROLINE !!
SI ! SI !
HUBERT, VOUS PASSEZ PAR LE CENTRE-VILLE ?
OUI, BIEN SÛR !
VOUS ALLEZ DONC POUVOIR ME DÉPOSER CHEZ MOI ?
PAS DE PROBLÈME !
ALLONS-Y ! À CE SOIR MA CHÉRIE !!!
HUBERT, VOUS ÊTES TOUT À FAIT MERVEILLEUX
MAIS ?
JE VOUS OFFRE LE CAFÉ SI VOUS AVEZ LE TEMPS !
ELLE EST EN TRAIN DE ME PIQUER MON MEC !!!

J'AIME PAS LA FILLE QUI SE PREND POUR LA PLUS HEUREUSE DU MONDE
AH, OUI ! ÇA FAIT UN BAIL ! ALORS, COMMENT VAS-TU ?
MOI, JE NAGE DANS LE BONHEUR !!!
JE PARS AUX SEYCHELLES DEMAIN, AVEC MON MARI, POUR FÊTER NOS 20 ANS DE MARIAGE...
JE M'ÉCLATE DANS MON JOB ET J'AI EU UNE BELLE PROMOTION !
MA BELLE-MÈRE VIENT DE DÉCÉDER ET NOUS LAISSE UNE PETITE FORTUNE...
... ET SA VILLA DU CAP FERRET...

MON AÎNÉ RENTRE À SCIENCES-PO ...
CAROLINE VIENT D'AVOIR SON BAC AVEC MENTION ET LE PETIT EST SURDOUÉ
TOUT BAIGNE ! ET TOI, ÇA VA ?
MON MARI VIENT DE ME QUITTER ! JE SUIS LICENCIÉE ...
AH, MA PAUVRE !!!
MON FILS SE DROGUE SYLVIE A RATÉ SON BAC POUR LA 3e FOIS ET J'AI UN CANCER DU SEIN !
MAIS À PART ÇA, TOUT VA BIEN...
BRAVO ! L'ESSENTIEL, C'EST DE POSITIVER !

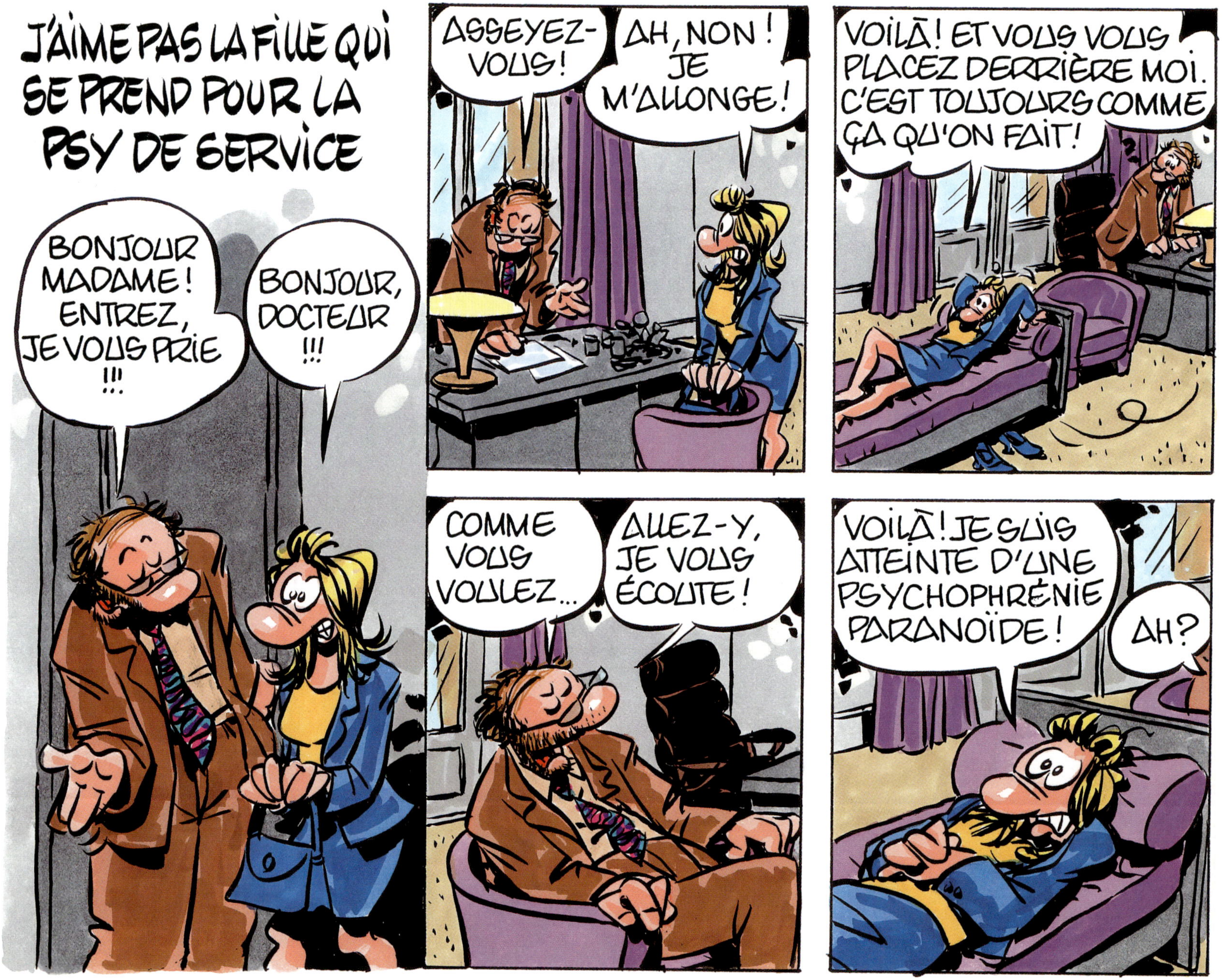
J'AIME PAS LA FILLE QUI SE PREND POUR LA PSY DE SERVICE
BONJOUR MADAME ! ENTREZ, JE VOUS PRIE !!!
BONJOUR, DOCTEUR !!!
ASSEYEZ-VOUS !
AH, NON ! JE M'ALLONGE !
VOILÀ ! ET VOUS VOUS PLACEZ DERRIÈRE MOI. C'EST TOUJOURS COMME ÇA QU'ON FAIT !
COMME VOUS VOULEZ...
ALLEZ-Y, JE VOUS ÉCOUTE !
VOILÀ ! JE SUIS ATTEINTE D'UNE PSYCHOPHRÉNIE PARANOÏDE !
AH ?

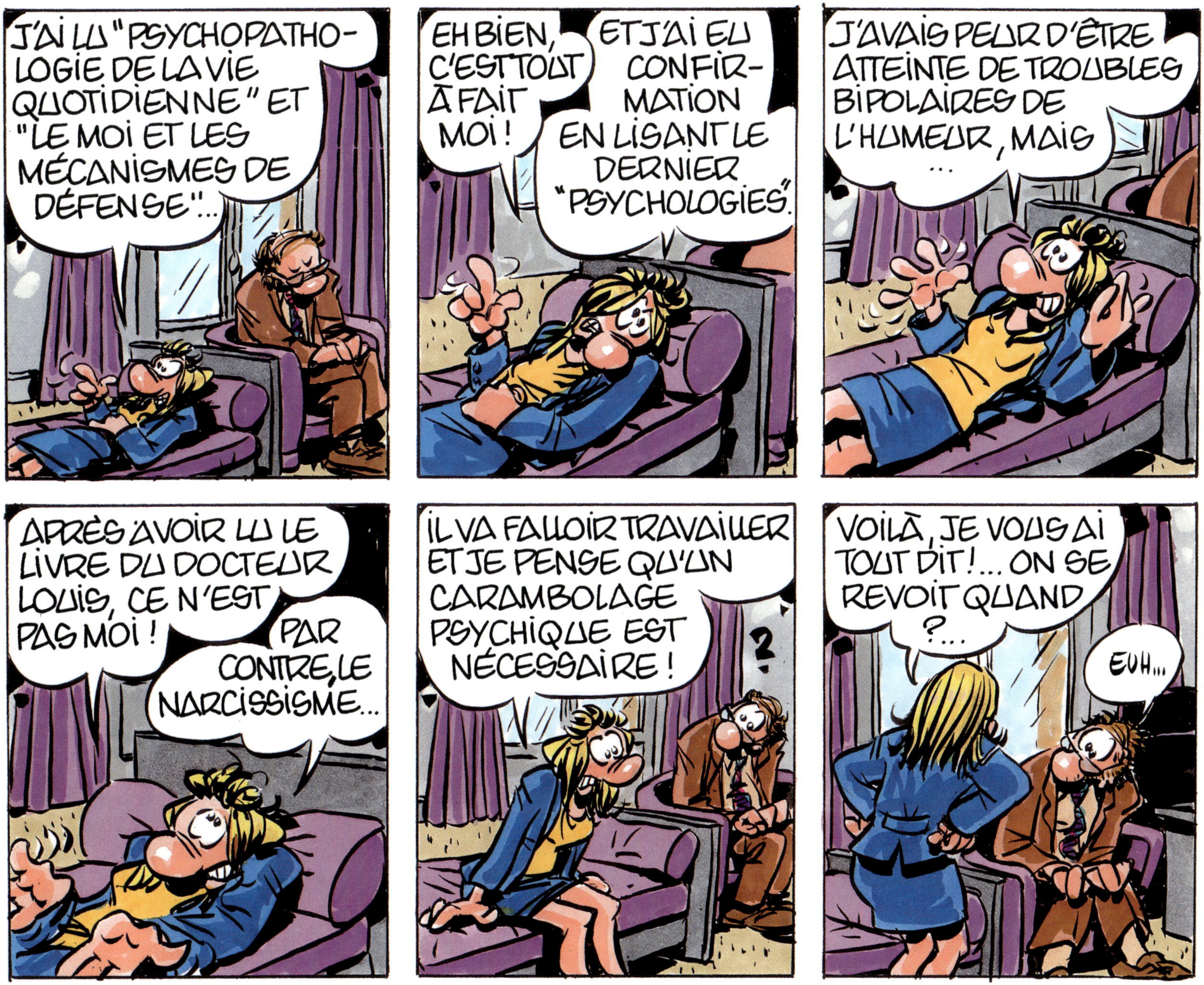
J'AI LU "PSYCHOPATHOLOGIE DE LA VIE QUOTIDIENNE" ET "LE MOI ET LES MÉCANISMES DE DÉFENSE"...
EH BIEN, C'EST TOUT À FAIT MOI !
ET J'AI EU CONFIRMATION EN LISANT LE DERNIER "PSYCHOLOGIES".
J'AVAIS PEUR D'ÊTRE ATTEINTE DE TROUBLES BIPOLAIRES DE L'HUMEUR, MAIS ...
APRÈS AVOIR LU LE LIVRE DU DOCTEUR LOUIS, CE N'EST PAS MOI !
PAR CONTRE, LE NARCISSISME...
IL VA FALLOIR TRAVAILLER ET JE PENSE QU'UN CARAMBOLAGE PSYCHIQUE EST NÉCESSAIRE !
?
VOILÀ, JE VOUS AI TOUT DIT !... ON SE REVOIT QUAND ?...
EUH...

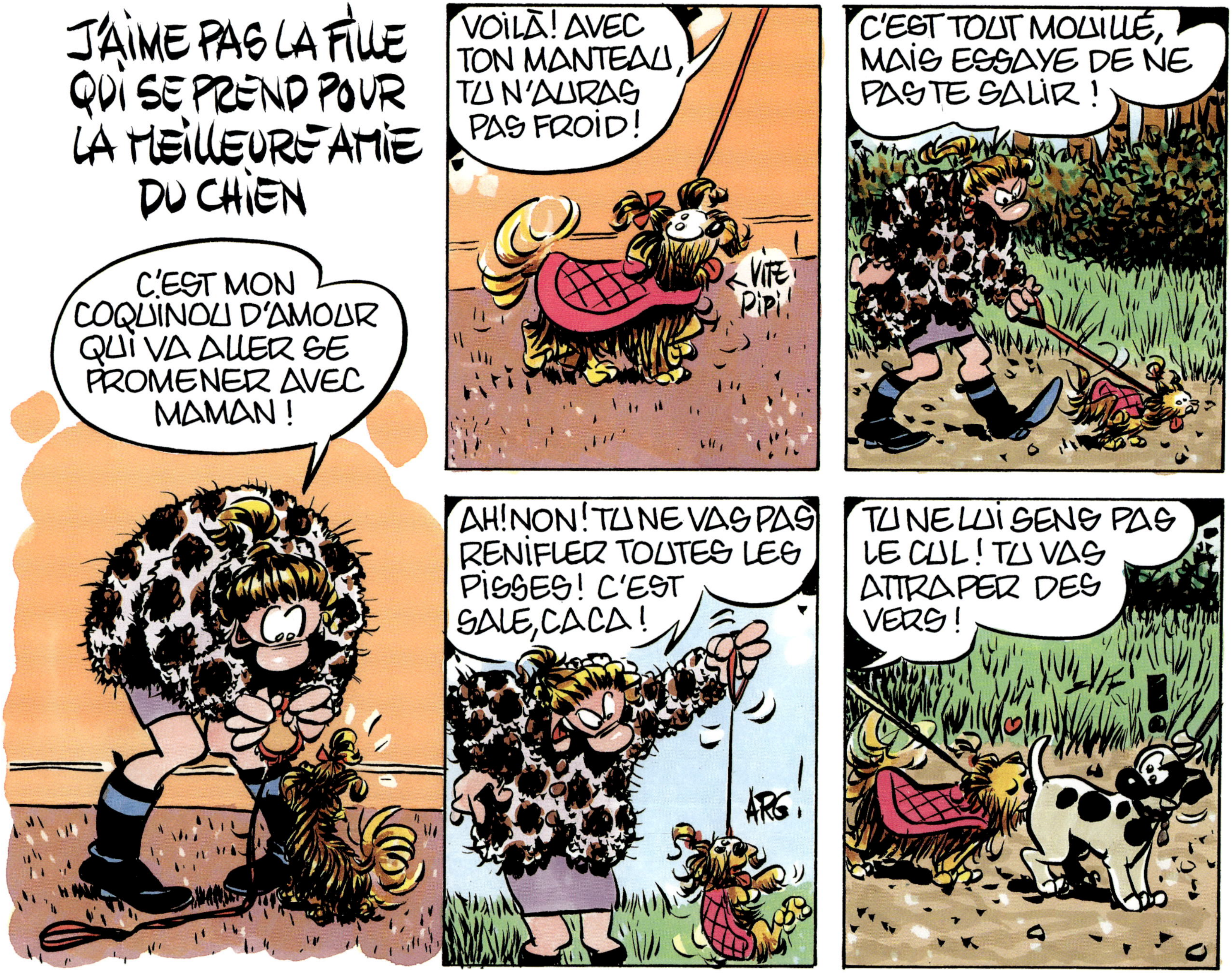
J'AIME PAS LA FILLE QUI SE PREND POUR LA MEILLEURE AMIE DU CHIEN
C'EST MON COQUINOU D'AMOUR QUI VA ALLER SE PROMENER AVEC MAMAN !
VOILÀ ! AVEC TON MANTEAU, TU N'AURAS PAS FROID !
VITE PIPI
C'EST TOUT MOUILLÉ, MAIS ESSAYE DE NE PAS TE SALIR !
AH ! NON ! TU NE VAS PAS RENIFLER TOUTES LES PISSES ! C'EST SALE, CACA !
ARG
TU NE LUI SENS PAS LE CUL ! TU VAS ATTRAPER DES VERS !

COQUINOU, ARRÊTE !!!
NON MONSIEUR, MON CHIEN N'EST PAS HOMO !!!
MAIS IL NE FRÉQUENTE PAS LES AUTRES CHIENS !
COQUINOU, JE TE DÉTACHE, MAIS TU RESTES TOUT PRÈS...
COQUINOU ! NON ! ICI, AU PIED TOUT DE SUITE !!!
AU SECOURS !
ARF ! ARF ! ARF ! ARF ! ARF ! ARF ! ARF !
BONHEUR !
BONHEUR !
BONHEUR !
TRADUCTION = TU ME LAISSES ÊTRE UN CHIEN !

J'AIME PAS LA VIEILLE BIGNOLE QUI SE PREND POUR LA GARDIENNE DU TEMPLE !
Z'ALLEZ OÙ ?
PERPÉTUELLEMENT EN PASSAGE DE WASSINGUE,
'SUILLEZ VOS PIEDS !
OU ASTIQUAGE INTENSE...
JE PEUX SORTIR ?
5 MINUTES ! JE FINIS !
...SURTOUT LES PLAQUES EN LAISSANT BIEN LE CRACRA AUTOUR
CONTENTE D'ELLE
DOCTEUR
ELLE INSPECTE LE COURRIER ET ÉCOUTE AUX PORTES.

7H DU MATIN OU MI-NUIT, LA CHOUETTE SURVEILLE, MÊME...
...CÔTÉ POUBELLES !
DANS LA JAUNE, QU'IL FAUT LES METTRE !!!
JAMAIS LA DERNIÈRE À SEMER L'EMBROUILLE, ...
MADAME MACHIN M'A DIT QUE...
...OU À BALANCER LA RÉFLEXION DÉSAGRÉABLE.
Y A DES TAGS SUR LA PORTE !
C'EST LE GENRE À VOT' FILS ÇA ?
Y A M'SIEU TRUCMUCHE QUI EST RENTRÉ HIER AVEC UNE CRÉATURE...
SAUF DÉBUT JANVIER !
UNE TRÈS BONNE ANNÉE, MADAME...

J'AIME PAS LE PETIT COMMERÇANT QUI SE PREND POUR FAUCHON
C'EST DE L'HUILE FAITE AVEC DE VRAIES OLIVES, VOUS SAVEZ...
OUI, D'ACCORD, MAIS C'EST TRÈS CHER !
ON N'A RIEN SANS RIEN !
VOUS POUVEZ TOUJOURS ALLER ACHETER DE LA DAUBE EN GRANDE SURFACE
ET VOS PATATES, LÀ ?...
MES TUBERCULES SONT DES CORNES DE GATTE !
... MAIS ELLES SONT TRÈS MOCHES ?
JE VOIS QUE MADAME N'EST PAS CONNAISSEUSE !!!

VOUS AVEZ DE LA MOUTARDE ?
OUI, DE MEAUX, BLANCHE, FALLOT, SINAPIS ARVENSIS, CHARROUX...
JE VOUS RECOMMANDE CELLE-CI ! UNE PURE MERVEILLE !
30€, QUAND MÊME !
JE REMETS EN PLACE... AUTRE CHOSE ?
OUI, DES NOUILLES !!!
DES NOUILLES, POUR QUOI FAIRE ?
UN COLLIER, PUIS MANGER !!!
ON FAIT DES NOUILLES POUR NOURRIR LES COCHONS, VOUS SAVEZ !!!
LA COCHONNE NE SUPPORTE PAS LE FAISAN, DONC ELLE NE VA RIEN PRENDRE !

J'AIME PAS LE MEC QUI SE PREND POUR LE ROI DE LA BRICOLE
VACHE! COMMENT C'EST MONTÉ C'T'AFFAIRE!
TRUC CASSÉ
TOUCHE À RIEN, TU VAS FAIRE PLUS DE MAL QUE DE BIEN. LAISSE FAIRE LE PRO!
CONCENTRATION INTENSE!
ÉVIDEMMENT, Y A LE "" QUI BLOQUE LE "" DANS LA "" AVEC LE ""!
COURS MAGISTRAL
C'EST PLUS CE QUE C'ÉTAIT...
TOUT FOUT LE CAMP...
TRAVAIL D'ARABE...
FABRIQUÉ EN CHINE... QUALITÉ BLAIREAU... ETC.

TU AURAIS UNE PINCE ?...
UNE VRAIE, PAS À CORNICHONS, QUOI !
ICH !
ICH !
ICH !
GRRRR ! ARCH !!!
MAIS BON SANG DE SALOPERIE DE BORDEL À C....
ÇA Y EST, JE L'AI CETTE SALETÉ DE CONNERIE DE...
AH ! C'EST UN "" DE 200... LÀ, ÇA POSE PROBLÈME ...
TROIS MOIS PLUS TARD, LE TRUC EXPLOSÉ AURA BIEN PRIS LA POUSSIÈRE...
...ET JE JETERAI LE TOUT À LA POUBELLE !
PARFOIS, VAUT MIEUX ACHETER DU NEUF !

J'AIME PAS LE MEC QUI SE PREND POUR MONSIEUR JE-SAIS-TOUT.

ET LA COURROIE DE DISTRIBUTION ...?...
GRRR ! OUI, ÇA VA !
BON, ALORS LÀ, LES P'TITS GARS C'EST LA CENTRALE QUI DÉCONNE !
MAIS NON ! ELLE EST BONNE !
TROP BONNE !
EUH ? BAH C'EST QUOI, ÇA ?
LA COSSE DE BATTERIE N'EST PAS BRANCHÉE ! CH'SUIS MORT DE RIRE !
HUMILIÉ
ALLER, LES P'TITS GARS... HI ! HI ! HI ! C'EST LE MÉTIER QUI RENTRE !

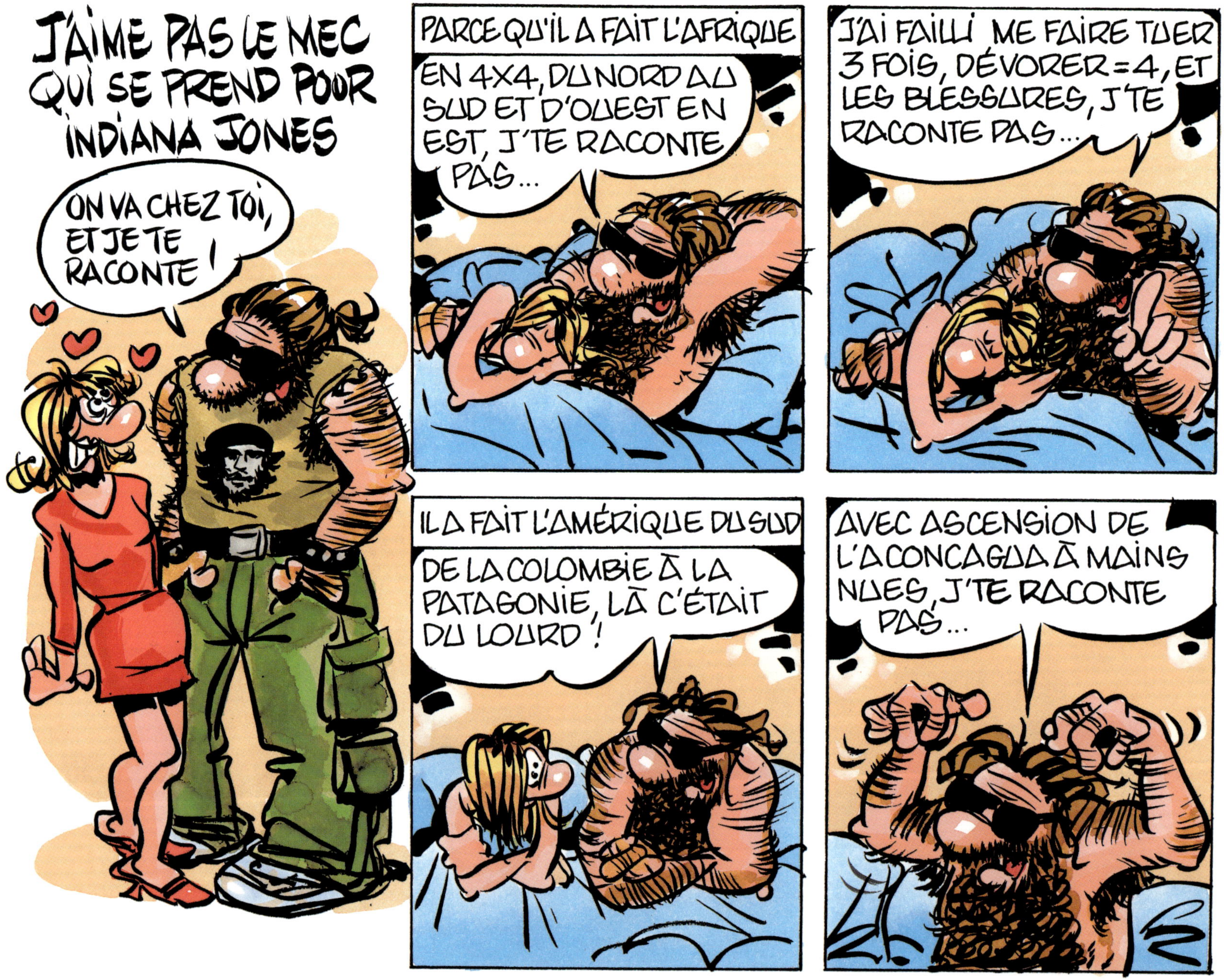
J'AIME PAS LE MEC QUI SE PREND POUR INDIANA JONES
ON VA CHEZ TOI, ET JE TE RACONTE !
PARCE QU'IL A FAIT L'AFRIQUE
EN 4X4, DU NORD AU SUD ET D'OUEST EN EST, J'TE RACONTE PAS...
J'AI FAILLI ME FAIRE TUER 3 FOIS, DÉVORER = 4, ET LES BLESSURES, J'TE RACONTE PAS...
IL A FAIT L'AMÉRIQUE DU SUD
DE LA COLOMBIE À LA PATAGONIE, LÀ C'ÉTAIT DU LOURD !
AVEC ASCENSION DE L'ACONCAGUA À MAINS NUES, J'TE RACONTE PAS...

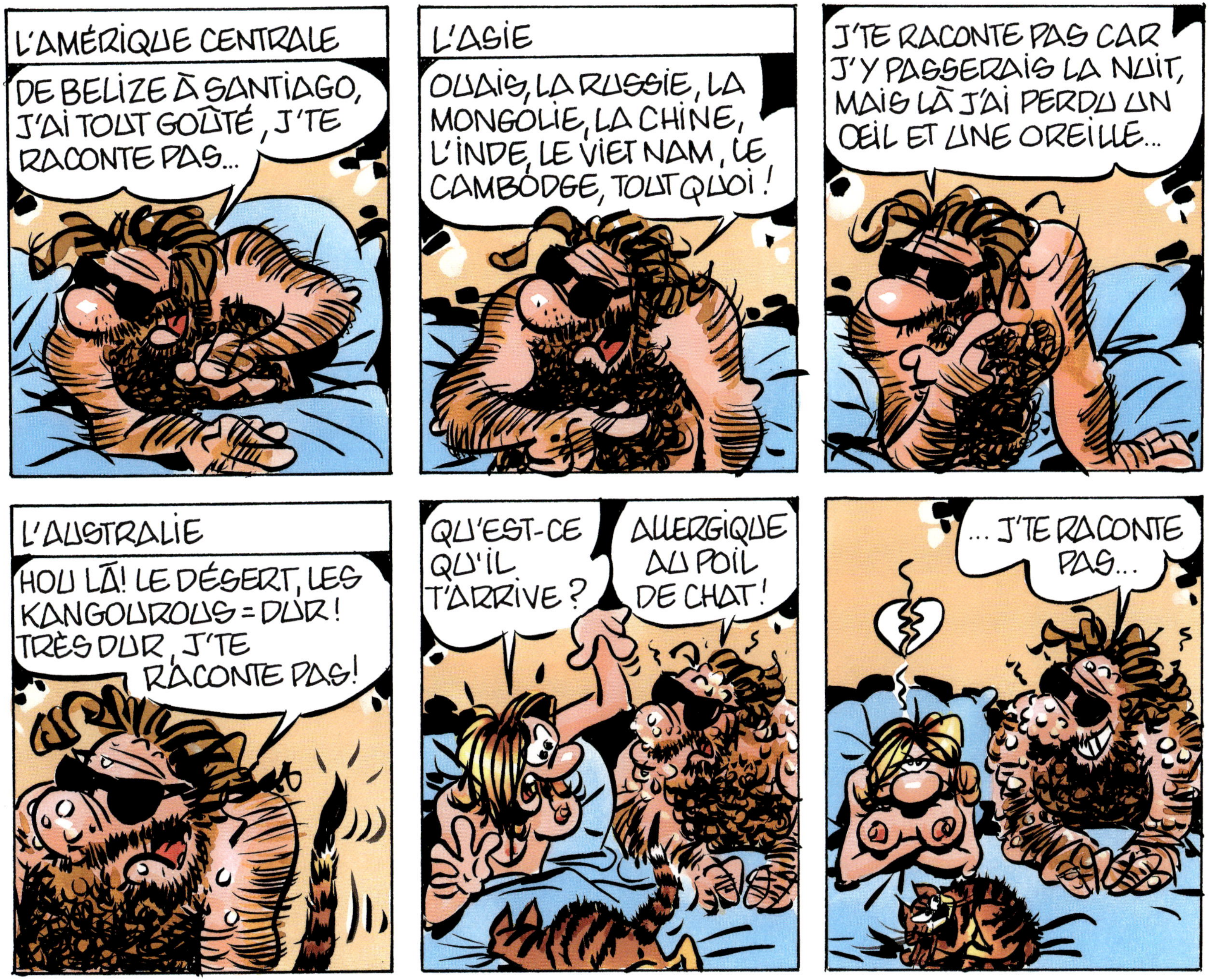
L'AMÉRIQUE CENTRALE
DE BELIZE À SANTIAGO, J'AI TOUT GOÛTÉ, J'TE RACONTE PAS...
L'ASIE
OUAIS, LA RUSSIE, LA MONGOLIE, LA CHINE, L'INDE, LE VIET NAM, LE CAMBODGE, TOUT QUOI !
J'TE RACONTE PAS CAR J'Y PASSERAIS LA NUIT, MAIS LÀ J'AI PERDU UN OEIL ET UNE OREILLE...
L'AUSTRALIE
HOU LÀ ! LE DÉSERT, LES KANGOUROUS = DUR ! TRÈS DUR, J'TE RACONTE PAS !
QU'EST-CE QU'IL T'ARRIVE ?
ALLERGIQUE AU POIL DE CHAT !
... J'TE RACONTE PAS...

J'AIME PAS LE MEC QUI SE PREND POUR UN CADOR
T'ES GENTILLE, MAIS JE REPRENDS LE DOSSIER EN MAIN, J'T'EXPLIQUE ...
?
C'EST NORMAL QUE TU NE SACHES PAS...
JE VAIS L'AIMER, LUI...
TU DÉBUTES ET CE N'EST PAS SI FACILE...
ÇA FAIT QUE 25 ANS QUE J'ACCOMPLIS CE MÉTIER !
OUI, MAIS BON, LES MÉTHODES ONT CHANGÉ, T'SAIS !
AH, OUAIS ?
ET LES FEMMES ONT PLUS DE MAL DANS LE DOMAINE, J'T'EXPLIQUE ...

ON VA FAIRE ÇA COMME ÇA ! ÇA LÀ ET ÇA COMME ÇA, TU VOIS !
EH BEN, NON !
COMMENT ÇA : EH BEN, NON ?
PARCE QUE ÇA DEVIENT UN TAS DE BOUE ILLISIBLE !
BON, ATTENDS, J'AI PAS DÛ ÊTRE TRÈS CLAIR !!!
MAIS SI, MAIS SI !
À MON TOUR, J'T'EXPLIQUE : JE SUIS UNE GRANDE FILLE...
JUCHÉE SUR DES HAUTS TALONS...
ET JE VAIS TE RAPPELER LE B.A BA DU MÉTIER, MON POULET !

J'AIME PAS LE MEC QUI SE PREND POUR POPEYE !
(LA PHILOSOPHIE EN MOINS)
CELUI QU'EST PAS CONTENT, J'Y EN FAIS GOÛTER CINQ !
CH'UIS PAS LE MAUVAIS CHEVAL, MAIS SI ON ME CHERCHE, ON ME TROUVE, MA PAROLE !
LE PREMIER QUI ME COURT SUR LE HARICOT= BOUM ! ÇA PART !
JE LUI PRENDS SA TRONCHE ET J'EN FAIS UN POSTER, MA PAROLE !
CH'UIS UN SANGUIN, MOI, ET J'AI LA PATIENCE QU'A SES LIMITES, J'TE JURE !

MÊME COSTAUD, RIEN À PÉTER ! J'ALLONGE LA DROITE ET LE PROBLÈME EST TERMINÉ !
T'AS DES ZIGUES QUI RÈGLENT ÇA À LA DISCUTE, MOI J'PEUX PAS, C'EST PLUS FORT QUE MOI !
UN COUP DE BOULE ET JE LUI RECADRE LA TÊTE ENTRE LES DEUX OREILLES !
TIENS, L'AUTRE JOUR Y AVAIT LE GROS DÉDÉ AVEC SA TRONCHE...
RAOUL !
RAOUL ! TU RENTRES À LA MAISON TOUT DE SUITE !
OUI, MA BIBICHE, T'ÉNERVE PAS, J'ARRIVE !

J'AIME PAS LE MEC QUI SE PREND POUR LE ROI DES COMIQUES
COMMENT VAS-TUYAU DE POÊLE ?
JEANINE ! MA BEAUTÉ, UN P'TIT DIABOLO, POIL AU DOS !
T'ES BIEN GAI, TOI, CE MATIN !
ET SI TU ES GAI = RIS DONC ! ARF ! ARF !
AU SECOURS ! J'AVAIS OUBLIÉ...
TU VEUX QUE JE T'EN RACONTE UNE BIEN BONNE ?
EUH, PAS FORCÉMENT ...
SI, SI, TU VAS VOIR, ELLE EST À MOURIR !!!
C'EST UN MEC QUI EST COMME NOUS AU COMPTOIR...

LE GROS CON, INSUPPORTABLE QUI PARLE FORT ET QUI VA TOUT CASSER ! TU VOIS LE GENRE ?
ET LÀ ARRIVE UNE SUPERBE BLONDE À FORTE POITRINE !
AH, NON ! PAS ÇA !
LE MEC QUI SE PREND POUR POPEYE
IL LÈVE LES BRAS ET LUI DIT...
TU ME CHERCHES, L'HUMORISTE !
TOUT DOUX, MON GARS, TOUT DOUX...
RAOUL, TU TE CALMES !
GOÛTE-M'EN CINQ !
JE NE VAIS PAS APPLAUDIR, MAIS ÇA VA NOUS FAIRE DES VACANCES ...

J'AIME PAS LE MEC QUI SE PREND POUR TABARLY
À BORD, C'EST MOI QUI COMMANDE ! OK !
À LA VOILE, LE MOINDRE FAUX PAS ET C'EST LE DRAME !
RANGE-MOI L'ÉCOUTE, LÀ !
MAIS NON, PAS COMME ÇA ! FRAPPE LA DRISSE !
PAS TOUS DU MÊME CÔTÉ, BANDE DE NULS !
MAIS BORDE-MOI TON FOC, BORDEL !!!

QUAND JE DIS ON VIRE DE BORD, ON VIRE DE BORD ! MERDE !!!
POUSSE-TOI DE LÀ ! TU ME GÊNES, CRÉTIN !
MAIS NON, SABINE, PAS LA MANILLE ! QUELLE EST CONNE ! C'EST PAS VRAI.
LA GAFFE ! LA GAFFE ! REPOUSSE À LA GAFFE ! MERDE !
BEURK !!
EXCUSE-MOI, VIEUX, MAIS LE MAL DE MER, TU SAIS...

J'AIME PAS LE MEC QUI SE PREND POUR LE GO DU CLUB

YA UN ZEF DE OUF, ALORS ON VA FAIRE DE LA VOILE !
HEIN, MON PHILOU !
ET APRÈS, L'APÉRO, UNE 'TITE PÉTANQUE
ET UN GROS BARBEUC' !!!
OU ALORS, UN COUP DE PÊCHE...
OU DU SKI NAUTIQUE...
BON, ALLEZ ! ON S'AFFOLE LE MINOU...
ET DANS DIX MINUTES SUR LA PLAGE !
HOP ! HOP ! HOP ! ON LÈVE SON CUL !
IL FAUT MANGER DU CLOWN LE MATIN, LES GARS...

J'AIME PAS LE MEC QUI SE PREND POUR L'ÉCOLO MODÈLE
MOI, J'AI TOUT COMPRIS ET J'AI TOUT CHANGÉ !!!
AH, OUI, COMMENT ÇA ?
FINI LA GROSSE VOITURE, ET POUR LES PETITS PARCOURS JE PRENDS LE VÉLO...
AH, C'EST BIEN !
JE ME SUIS INSTALLÉ UN CHAUFFAGE GÉOTHERMIQUE ET UNE POMPE À CHALEUR ...
AH, C'EST ÇA LA PETITE FRAÎCHEUR !!!
... ET DES TOILETTES SÈCHES, BIEN SÛR !
AH, C'EST ÇA L'ODEUR...
ON A CRÉÉ UN POTAGER ET UN COMPOST AU FOND DU JARDIN
AH, C'EST ÇA LES MOUCHES !!!

NOUS MANGEONS BIO ET NOUS FABRIQUONS NOS FROMAGES
AH, C'EST ÇA LES ROTOTOS...
BURP!
PLUS DE VIANDE! FRUITS ET LÉGUMES DE SAISON ET GALETTES DE SOJA
AH, C'EST ÇA LES PROUTS!
ET JOSIANE NOUS TRICOTE DES PULLS AVEC LES POILS DE NOS CHIENS !!!
AH, C'EST ÇA MON ALLERGIE !!!
CHÉRI, T'AS VU? L'ACTION ELF A FAIT UN BOND TERRIBLE! C'EST SUPER!
MAIS?...
NE ME DIS PAS QUE...
SI, SI, MAIS TOUT PETIT PORTEUR ...
IL VA FALLOIR QUE JE CHANGE DE FEMME AUSSI ...
MORT DE RIRE!

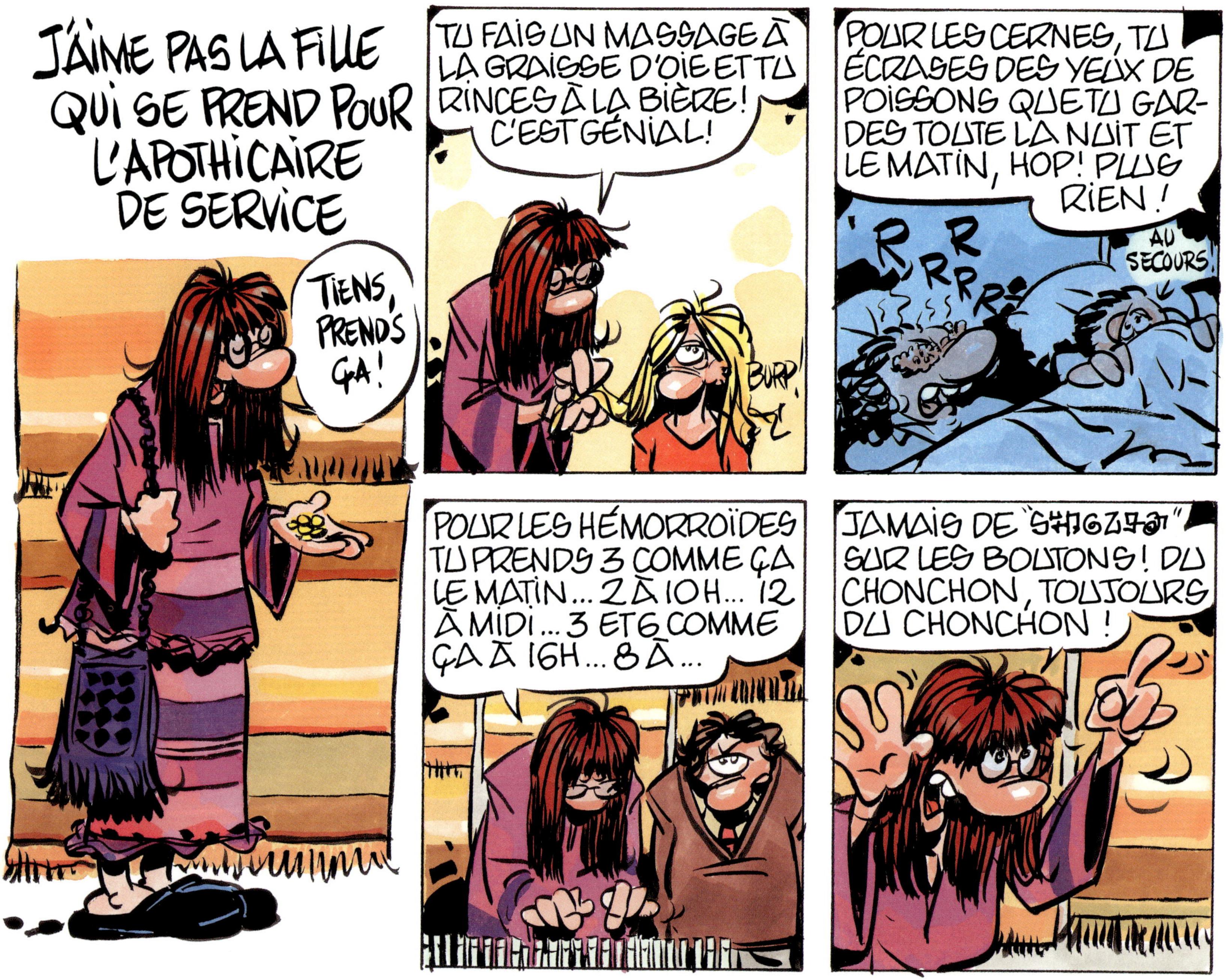

J'AIME PAS LA FILLE QUI SE PREND POUR L'APOTHICAIRE DE SERVICE
TIENS, PREND'S ÇA !
TU FAIS UN MASSAGE À LA GRAISSE D'OIE ET TU RINCES À LA BIÈRE ! C'EST GÉNIAL !
BURP !
POUR LES CERNES, TU ÉCRASES DES YEUX DE POISSONS QUE TU GARDES TOUTE LA NUIT ET LE MATIN, HOP ! PLUS RIEN !
R R R R R R
AU SECOURS !
POUR LES HÉMORROÏDES TU PRENDS 3 COMME ÇA LE MATIN... 2 À 10 H... 12 À MIDI... 3 ET 6 COMME ÇA À 16H... 8 À...
JAMAIS DE "$#!6Z#@" SUR LES BOUTONS ! DU CHONCHON, TOUJOURS DU CHONCHON !

MAIS OUI ! GUÉRI DU CANCER GRÂCE À LA FIENTE DE PINTADE EN POMMADE !
TU METS 2 SUPPOSITOIRES SOUS LES AISSELLES TOUTE LA NUIT ET LE MATIN, PLUS RIEN !
POUR LE FOIE, TU PRENDS ÇA !
LA GOUTTE, TU PRENDS ÇA !
LE POIL BRILLANT ...
L'ECZÉMA, TU PRENDS ÇA !
LA PESTE, LE CHOLÉRA, LA LÈPRE... ... PRENDS ÇA !
?
MOI J'AI LE BORD DE L'ANUS QUI ROUILLE, JE PRENDS QUOI ?
PUISQUE QUE C'EST COMME ÇA, JE M'EN VAIS !
AH ! HUMOUR !

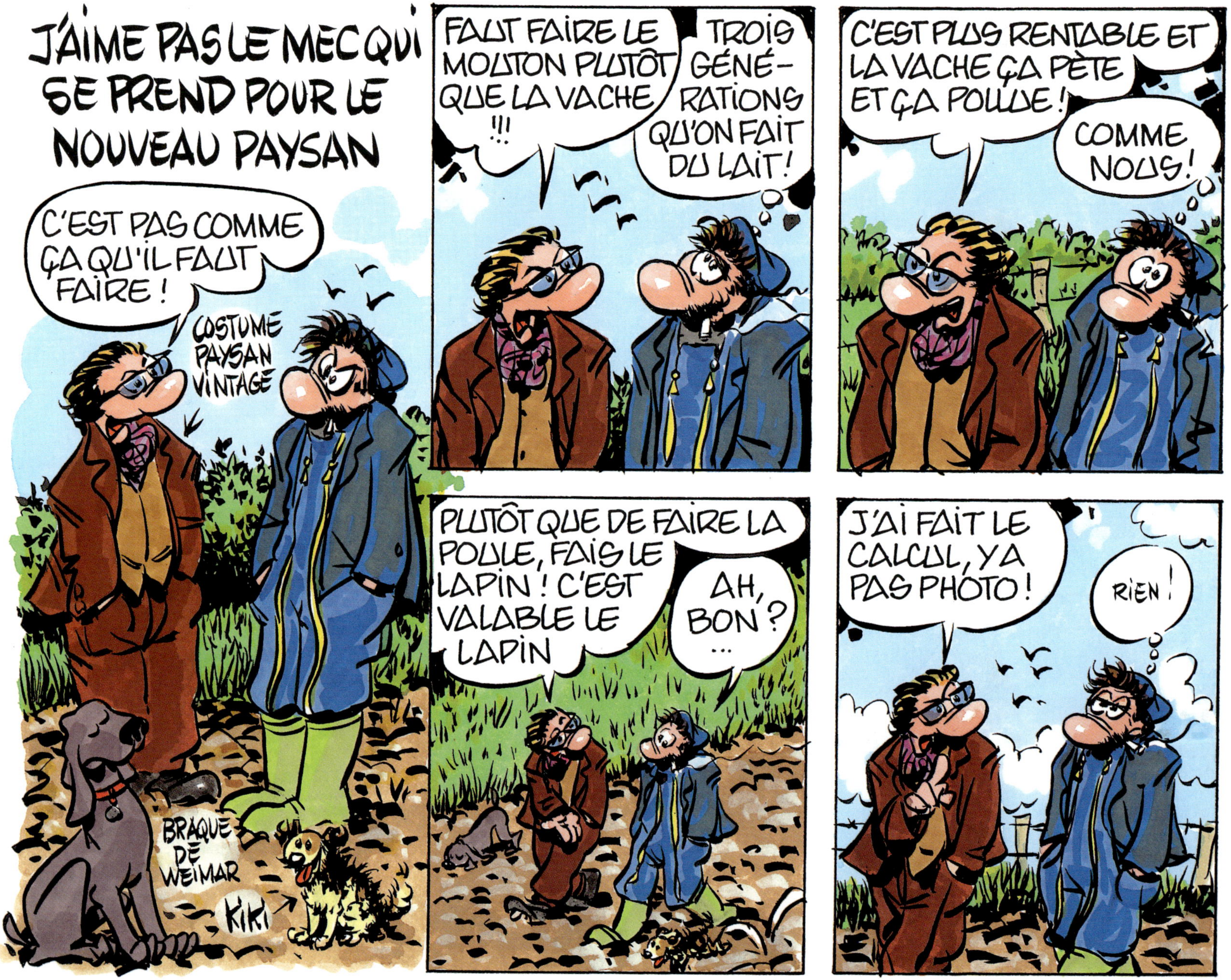
J'AIME PAS LE MEC QUI SE PREND POUR LE NOUVEAU PAYSAN
C'EST PAS COMME ÇA QU'IL FAUT FAIRE !
COSTUME PAYSAN VINTAGE
BRAQUE DE WEIMAR
KIKI
FAUT FAIRE LE MOUTON PLUTÔT QUE LA VACHE !!!
TROIS GÉNÉRATIONS QU'ON FAIT DU LAIT !
C'EST PLUS RENTABLE ET LA VACHE ÇA PÈTE ET ÇA POLLUE !
COMME NOUS !
PLUTÔT QUE DE FAIRE LA POULE, FAIS LE LAPIN ! C'EST VALABLE LE LAPIN
AH, BON ? ...
J'AI FAIT LE CALCUL, Y A PAS PHOTO !
RIEN !

C'EST COMME LÀ, VOUS FAITES DU BLÉ... EH BAH, FAUT ARRÊTER !
2000 ANS QU'ON EN FAIT...
FAUT FAIRE DU TOURNESOL OU DU COLZA !
AH, BON ? POURQUOI ?
"CARBURANTS MODERNES, UN DÉFI POUR L'AGRICULTURE" TU LIS ÇA ET TU COMPRENDRAS !!
J'AI QUE ÇA À FAIRE...
LÉGUMES : PAREIL ! FAUT ARRÊTER LA PATATE ! Y AURA PLUS DE DEMANDE !
AH, SI !!!
LIS : "FÉCULENTS ET OBÉSITÉ", ET TU VERRAS QUE JE SUIS DANS LE VRAI !!!
TU PEUX ME DIRE UN TRUC ?...
TA CONNERIE, TU METS DE L'ENGRAIS OU C'EST NATUREL ?..

J'AIME PAS LE MEC QUI SE PREND POUR LE JARDINIER DE VERSAILLES
JE VAIS CRÉER UN ESPACE SOMPTUEUX ! JE T'EXPLIQUE ...
JE VIRE TOUT = ARBUSTES, ROSIERS, MASSIFS, PÉLOUSE... TOUT !
J'ORGANISE UNE TROUÉE CENTRALE BORDÉE D'OSMANTHUS ET CHOISYAS...
DEVANT JE PLANTE UNE RANGÉE DE BÉGONIAS ET PÉTUNIAS BLANCS
AU FOND, JE FAIS FOISONNER UN MÉLI-MÉLO DE RHODODENDRONS ET AZALÉES DE CHINE...

DEUX BUIS BOULE, LÀ, ET LÀ, DES GRANDS PIGAMONS JAUNES EN CORBEILLE...
JUSTE DEVANT J'INSTALLE MES DEUX CARIATIDES...
ET AU MILIEU, POUR RAFRAÎCHIR LE TOUT, LE BASSIN ET SON JET D'EAU...
TU GARDES LES NAINS ET LE CHAMPIGNON ?...
JE NE SAIS PAS...
J'AI PEUR QUE CE SOIT TROP CHARGÉ...
MAIS ÇA VA ÊTRE BEAU, NON ?

J'AIME PAS LE MEC QUI SE PREND POUR LE DÉTENTEUR DU BON GOÛT FRANÇAIS
DONNONS AVANT TOUT L'IDÉE DE MODERNITÉ !!!
PAS DE TAFFETAS ! DE LA SOIE, BIEN SÛR, MAIS DU PONGÉ POUR LE TOMBÉ !
ENLEVEZ-MOI CE RUBAN AGRESSIF !
TOUJOURS PÉTER DANS LA SOIE ! LE RESTE EST INSUPPORTABLE !
QU'IL EST DRÔLE !
C'EST MOI QUI FAIS, C'EST MOI QUI SAIS, MAIS JE RESTE UNE APPARITION...
DYNAMISEZ-MOI CET OURLET !
ON PEUT S'HABILLER D'UN TORCHON ET ÊTRE D'UN CHIC FOU ET DÉCOMPLEXÉ
DÉGAGEZ L'ÉPAULE !

FAITES-MOI UN TRUC TOUT SIMPLE COMME VERSAILLES, VOYEZ ?...
QUEL TALENT !
L'ÉLÉGANCE N'EST PAS ACHETABLE ! C'EST DANS LES GÈNES...
C'EST ÇA, DONNEZ DE L'AMPLEUR !
DE TOUTE FAÇON JE NE SAIS PAS FAIRE DE CHEF-D'OEUVRE INUTILE !
FAITES UN TOUR MON PETIT !
ET JE RESTE UN ARTISTE OBSESSIONNEL D'UNE NORMALITÉ ÉBOURIFFANTE !
STOP ! ON LE TIENT !
VOILÀ ENCORE UNE CRÉATION DÉPOUILLÉE DE GRAVITÉ, TRÈS DISTINGUÉE, À LA FRANÇAISE
JE SUIS INVISIBLE MAIS JE RESTE DEVANT !
BRAVO
BRAVO !
BRAVO
BRAVO !
BRAVO !

J'AIME PAS LA FILLE QUI SE PREND POUR LA REINE DE LA MODE.
PRISE DE TÊTE POUR TROUVER LE SAC QUI VA AVEC, JE TE DIS PAS !
ET LE CHAPEAU, RETOUR À L'ÉGYPTE ! GÉNIAL NON ?
JE ME SUIS ACHETÉ AUSSI...
... UN TOP "PROUT PROUT" !!!
COMMENT J'AI FAIT POUR VIVRE SANS !!!
J'ADORE AUSSI MES CHAUSSURES "VENDANGE" ! TROP "CUTE", NON ?...
SI ! SI ! LE MÉLANGE, ON PEUT ! C'EST TRÈS TENDANCE !

JE SAIS QUE CE SONT DES ANIMAUX MORTS, MAIS C'EST MODE, ALORS...
SI! SI! LES COUETTES C'EST REVÂÂIIIIVEUL !
STRUCTURE DÉSTRUCTURÉE, C'EST TOUT SIMPLE, MAIS QUELLE CLASSE, NON ?
UN MODÈLE FAIT QUE POUR MOI, ET QUE 2680 EUROS! GÉNIAL, NON ?
LE PROBLÈME, C'EST QUE JE NE PEUX PAS LA PORTER 2 FOIS...
... ET LÀ, JE N'AI PLUS RIEN À ME METTRE !

J'AIME PAS LA FILLE QUI SE PREND POUR NADINE DE ROTHSCHILD
MAIS QU'EST-CE QU'ELLE T'A APPRIS, TA MÈRE, MA CHÈRE NIÈCE ?..
D'ABORD, MA CHÉRIE, POUR ÊTRE FÉMININE, IL FAUT ÊTRE DOUCE, GENTILLE, ÉLÉGANTE ET RAFFINÉE...
DONC, IL VA FALLOIR COMMENCER PAR CHANGER TA GARDE-ROBE.
ZOUIN. ZOUIN ! ZOUIN !
SURTOUT, TU COUPES TON PORTABLE ! C'EST TRÈS MAL ÉLEVÉ !
OUAICH ! CH'TE PEL'RA ! À PLUS !
ARF !
TU TE TIENS BIEN DROITE, TU DÉGAGES TES CHEVEUX VERS L'ARRIÈRE...
MOURF ! ARF !

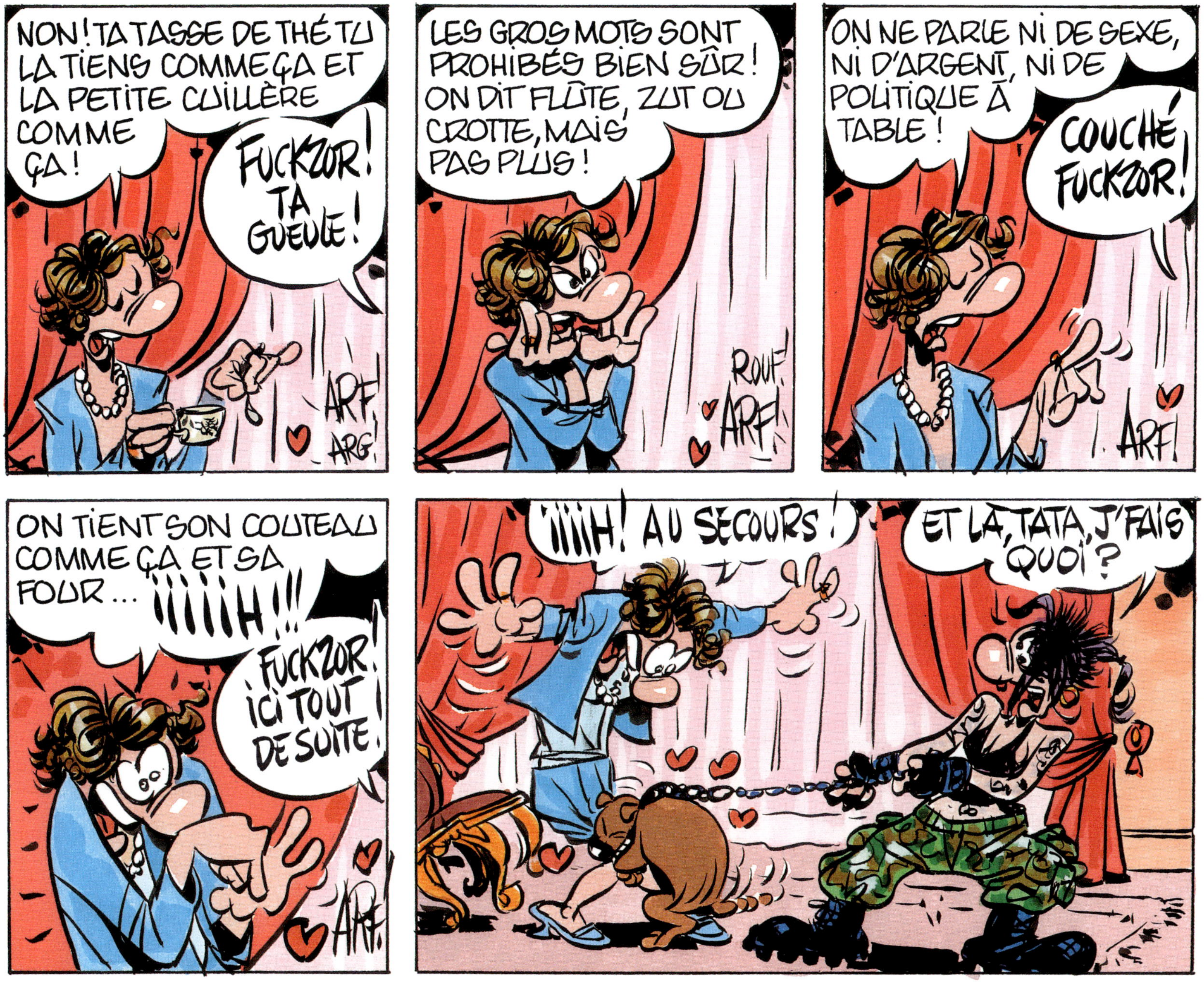
NON ! TA TASSE DE THÉ TU LA TIENS COMME ÇA ET LA PETITE CUILLÈRE COMME ÇA !
FUCKZOR ! TA GUEULE !
ARF ARG
LES GROS MOTS SONT PROHIBÉS BIEN SÛR ! ON DIT FLÛTE, ZUT OU CROTTE, MAIS PAS PLUS !
ROUF ARF !
ON NE PARLE NI DE SEXE, NI D'ARGENT, NI DE POLITIQUE À TABLE !
COUCHÉ FUCKZOR !
ARF !
ON TIENT SON COUTEAU COMME ÇA ET SA FOUR... ¡¡¡¡¡H !!!
FUCKZOR ! ICI TOUT DE SUITE !
ARF
¡¡¡¡H ! AU SECOURS !
ET LÀ, TATA, J'FAIS QUOI ?

J'AIME PAS LE DESSINEUX QUI SE PREND POUR MICHEL-ANGE.
CHÉRIE, REGARDE ! JE SUIS EN PLEINE PATATE, MOI ...
T'AS VU COMME JE L'AI DESCENDU, LE CHEVALIER ?...
AH, OUI, SUPERBE !!!
J'AI BIEN RÉUSSI L'ÉPÉE ET LE POIGNARD, NON ?
ON DIRAIT DES VRAIS !
ET LE BOUCLIER AVEC TOUS SES BOULONS... PAS MAL ?
ET LA GONZESSE... LES SEINS ET LE DÉCOLLETÉ... ELLE EST GIRONDE, HEIN ?...

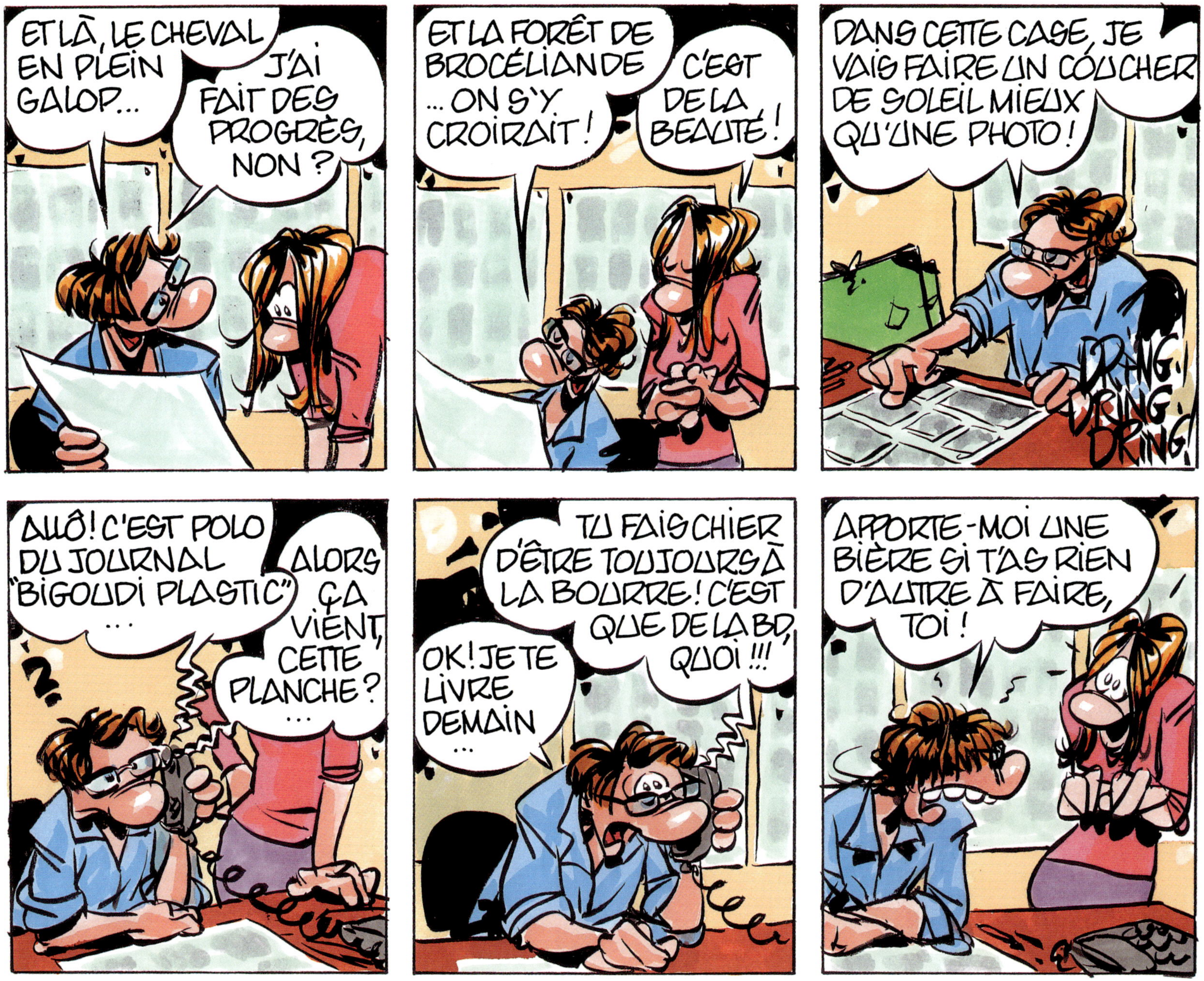
ET LÀ, LE CHEVAL EN PLEIN GALOP...
J'AI FAIT DES PROGRÈS, NON ?
ET LA FORÊT DE BROCÉLIANDE ... ON S'Y CROIRAIT !
C'EST DE LA BEAUTÉ !
DANS CETTE CASE, JE VAIS FAIRE UN COUCHER DE SOLEIL MIEUX QU'UNE PHOTO !
DRING! DRING! DRING!
ALLÔ ! C'EST POLO DU JOURNAL "BIGOUDI PLASTIC" ...
?
ALORS ÇA VIENT, CETTE PLANCHE ? ...
TU FAIS CHIER D'ÊTRE TOUJOURS À LA BOURRE ! C'EST QUE DE LA BD, QUOI !!!
OK ! JE TE LIVRE DEMAIN ...
APPORTE-MOI UNE BIÈRE SI T'AS RIEN D'AUTRE À FAIRE, TOI !

J'AIME PAS LE MEC QUI SE PREND POUR LE GRAND ARTISTE (QUE TOUT PARIS ATTEND!)
JE N'AI PAS PEUR DE LE DIRE = JE VAIS RÉVOLUTIONNER L'ART MODERNE !
PARCE QUE LES PARIGOTS, TÊTES DE VEAU, ILS NE SAVENT PLUS CE QUE C'EST = LA BELLE PEINTURE !
FAUT VOIR CE QU'ILS EXPOSENT ! ILS VIDENT LEURS POUBELLES ET ILS APPELLENT ÇA DE L'ART !
JE ME MARRE, PARCE QUE MOI JE PRENDS MON TEMPS ET J'ATTENDS MON HEURE !
ET CROIS-MOI, ÇA VA LEUR EXPLOSER À LA GUEULE ! PERSONNE N'A FAIT ÇA AVANT MOI !

SURTOUT, JE NE MONTRE RIEN, CAR JE ME MÉFIE DU PLAGIAT !
ÇA SERA AUTRE CHOSE QUE TROIS CONNERIES ACCROCHÉES AU CHÂTEAU DE VERSAILLES...
OU UN NÉON PLANTÉ DANS UN TAS DE SABLE, OU TROIS TRAITS SUR UNE TOILE !
JE ME BATS AVEC LA MATIÈRE ET JE SOUFFRE EN CRÉANT, MOI !!!
JE TUTOIE LA BEAUTÉ !
ÇA FAIT QUAND MÊME 25 ANS QUE TU NOUS BASSINES, ET QUE TU N'AS TOUJOURS PAS QUITTÉ TA PROVINCE...

J'AIME PAS LA FILLE QUI SE PREND POUR LA MUSE PROTECTRICE DU GRAND ARTISTE
AH! NON, ÇA NE VA PAS ÊTRE POSSIBLE !
IL NE FAUT PAS LE DÉRANGER, IL CRÉE !
MAIS IL M'AVAIT DIT...
IL S'ENGAGE PARFOIS À LA LÉGÈRE, MAIS JE VOUS RÉPÈTE QUE CE N'EST PAS POSSIBLE !
MAIS M'DAME ...
IL EST EN CONCENTRATION MAXIMUM ET IL NE DÉDICACE JAMAIS LE MATIN !
MAIS...
IL FAUT PRENDRE RENDEZ-VOUS ET IL Y A UNE LISTE D'ATTENTE.
JE PEUX M'EXPLIQUER ...

LÀ, JE DOIS LUI FAIRE UN MASSAGE DES CERVICALES ET LUI PRÉPARER SON DÉJEUNER !
ET APRÈS IL FAIT UNE SIESTE RÉGÉNÉRANTE ET ENSUITE...
ZIVA LA MEUF! VA VOMIR DANS TON SLIP !
GROSSIER PERSONNAGE ! JE N'AI PAS LA VIE FACILE À REPOUSSER TOUS CES FANS IMBÉCILES...
CHÉRIE, ZON BOUIC N'EST PAS PASSÉ ?
QUI C'EST ÇA ZON BO... ?
ZON BOUIC ! LA STAR DU RAP QUI DOIT VENIR M'ACHETER UNE TOILE À 250 000 DOLLARS !
HOUPS !
PAUV' CRÉTIN ! TU NE POUVAIS PAS ME LE DIRE ! SORS DE TA BULLE, ABRUTI !!!

J'AIME PAS LA FILLE QUI SE PREND POUR "THE ATTACHÉE DE PRESSE OF THE STARS !"
NE QUITTE PAS, JE TE REPRENDS !!!
ALLÔ ! DAVID, JE N'AI PAS 3 SECONDES À T'ACCORDER CAR JE...
ATTENDS, JE REVIENS !!!
SOPHIA, J'ÉCOUTE ! OUI, JULES, J'AI REÇU TON MAIL ET IL FAUT...
ATTENDS, J'AI UN MESSAGE...
CLING !
OK, JULES ! BYE !
ALLÔ, DAVID, TU PATIENTES, J'ARRIVE !!!
ALLÔ, EXCUSE-MOI ! ALORS POUR LA PHOTO, ON DIT LE 27 À 14H ! OK ?...

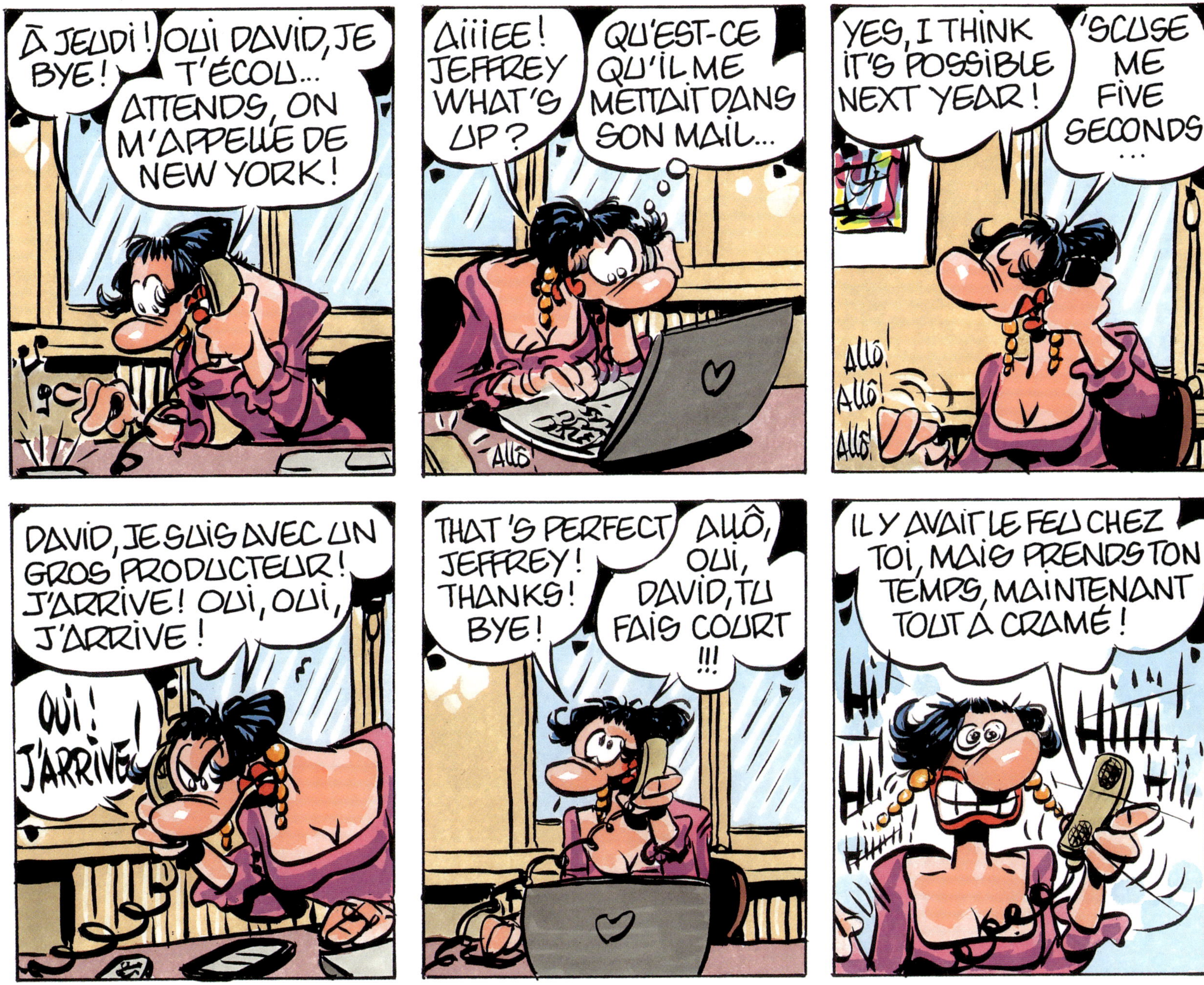
À JEUDI ! BYE !
OUI DAVID, JE T'ÉCOU... ATTENDS, ON M'APPELLE DE NEW YORK !
AIIIEE ! JEFFREY WHAT'S UP ?
QU'EST-CE QU'IL ME METTAIT DANS SON MAIL...
ALLÔ !
YES, I THINK IT'S POSSIBLE NEXT YEAR !
'SCUSE ME FIVE SECONDS ...
ALLÔ ! ALLÔ ! ALLÔ !
DAVID, JE SUIS AVEC UN GROS PRODUCTEUR ! J'ARRIVE ! OUI, OUI, J'ARRIVE !
OUI ! J'ARRIVE !
THAT'S PERFECT JEFFREY ! THANKS ! BYE !
ALLÔ, OUI, DAVID, TU FAIS COURT !!!
IL Y AVAIT LE FEU CHEZ TOI, MAIS PRENDS TON TEMPS, MAINTENANT TOUT A CRAMÉ !
HI ! HI ! HI ! HIIII ! HIII !

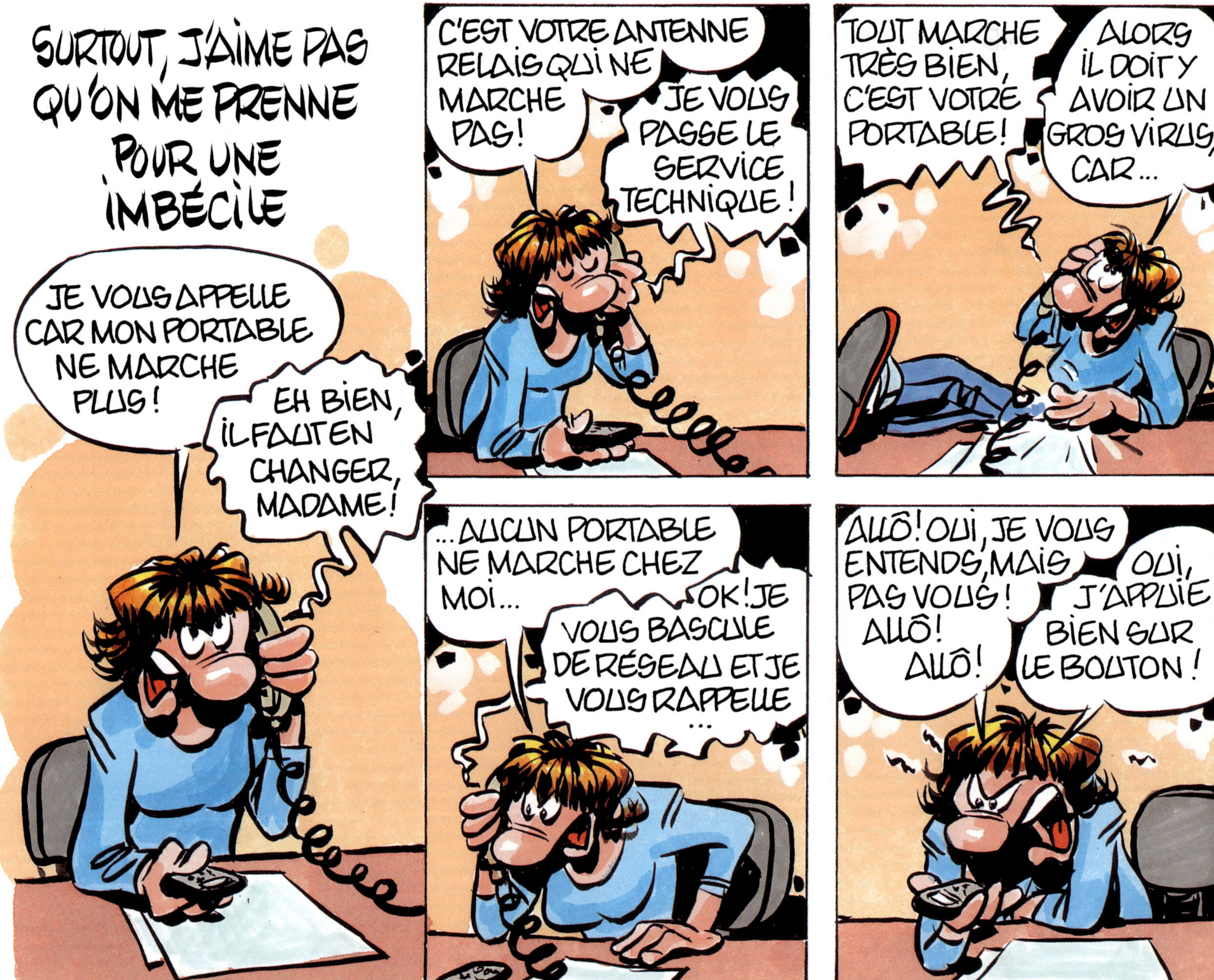
SURTOUT, J'AIME PAS QU'ON ME PRENNE POUR UNE IMBÉCILE
JE VOUS APPELLE CAR MON PORTABLE NE MARCHE PLUS !
EH BIEN, IL FAUT EN CHANGER, MADAME !
C'EST VOTRE ANTENNE RELAIS QUI NE MARCHE PAS !
JE VOUS PASSE LE SERVICE TECHNIQUE !
TOUT MARCHE TRÈS BIEN, C'EST VOTRE PORTABLE !
ALORS IL DOIT Y AVOIR UN GROS VIRUS, CAR...
...AUCUN PORTABLE NE MARCHE CHEZ MOI...
OK ! JE VOUS BASCULE DE RÉSEAU ET JE VOUS RAPPELLE...
ALLÔ ! OUI, JE VOUS ENTENDS, MAIS PAS VOUS ! ALLÔ ! ALLÔ !
OUI, J'APPUIE BIEN SUR LE BOUTON !

SI ! J'AI TOUT BIEN FAIT COMME VOUS M'AVEZ DIT, MAIS ÇA NE MARCHE PAS !!!
ON VOUS RAPPELLE !
NON ! ÇA NE MARCHE PAS !!!
PASSEZ-MOI LE SERVICE ABONNEMENTS !!!
OUI, JE VEUX RÉSILIER MON CONTRAT PARCE QUE ÇA NE MARCHE PAS DEPUIS DIX JOURS !
J'INTERROGE LE SERVICE TECHNIQUE ...
AU SECOURS ! ...
NOTRE ANTENNE EST EN PANNE, MAIS CE SERA RÉTABLI DANS TROIS JOURS...
DE TOUTE FAÇON, VOUS NE POUVEZ PAS ANNULER VOTRE CONTRAT COMME ÇA...

Merci à Anne-Marie Schropff, Véronique Ozanne,
Jean-Michel Delgrosso, Jacques Barrère, François Mathieu,
Catherine Monson et Susanna Shannon.

Bibliographie

FUTUROPOLIS

Bandes dessinées

Mickson Alphabet, 1979.

Mickson n° 1, 1980.

Harry Mickson nettoie ses pinceaux, 1982.

Mickson et les gaspards, 1985.

Ma vie est un roman policier, 1986.

Le chien coiffé, 1986.

Les vieux copains pleins de pépins, 1988 (Alph'Art humour, Angoulême 1989).

Textes illustrés

Cauchemar matinal, avec Jean-Luc Cochet, 1984.

La guerre des boutons de Louis Pergaud, 1990.

SEUIL JEUNESSE

Bandes dessinées

L'année des Déblok et *Les Déblok rient*, avec Nathalie Roques et Christine Lablancherie, 1994.

Textes illustrés

L'élevage – un métier en poche, 1995.

Je veux pas divorcer, texte de Dodo, 1998.

ALBIN MICHEL

Quatre Punaises au club, avec Dodo, Édith et Nathalie Roques, 1995.

Texte illustré

J'attends un chien, texte de Marie-Ange Guillaume, 1996.

ÉDITIONS VERTICALES

Les phrases assassines, avec Véronique Ozanne, 2000.

NATHAN

Textes illustrés

Mystère à Saint-Ambroise, avec Jean-Luc Cochet, 1992.

Bonjour les enfants, c'est Guignol !, avec Bernard Ciccolini, 1992.

SYROS

Textes illustrés

Pas de whisky pour Méphisto, avec Thiès, 1993.

Tétine et le mystère des boules de gomme, texte de Charles Rouah, 1993.

Foot, texte d'Yves Pinguilly, 1994.

Le foot en règles, texte d'Yves Pinguilly, 1998.

ÉD. 6 PIEDS SOUS TERRE

Pieuvre à la Pouy, avec Francis Mizio, 2004.

DARGAUD

Les Déblok

Les Déblok font le printemps, avec Nathalie Roques, 1997.

Poilade de Déblok aux éclats de rire, avec Nathalie Roques, 1997.

Truffes et langues de chat à la Déblok, avec Nathalie Roques, 1998.

Déblokeries à la crème anglaise, 1999.

Farandoles de farces à la Déblok, 2000.

Fines conserves à la Déblok façon boute-en-train, 2001.

Turlupinades de la maison Déblok, 2002.

Cestac pour les grands

Le démon de midi ou changement d'herbage réjouit les veaux, 1996.

La vie en rose ou l'obsessionnelle poursuite du bonheur, 1998.

Du sable dans le maillot (On est bien arrivés, il fait beau et les gens sont sympas), 1999.

Comment faire de la bédé sans passer pour un pied-nickelé, avec Jean-Marc Thévenet, 2001.

La vie d'artiste, 2002.

Super catho, avec René Pétillon, 2004.

Le démon d'après midi, 2005.

Les Ados : *Laura et Ludo*, t. 1, 2006 ; t. 2, 2007.

La véritable histoire de Futuropolis, 2007.

Je voudrais me suicider mais j'ai pas le temps, avec Jean Teulé, 2009.

Achevé d'imprimer en septembre 2009
Imprimé en Union européenne